LES PRINCIPES
DE LA LÉGISLATION, DE LA PROCÉDURE
ET DE LA COMPÉTENCE

EN MATIÈRE

D'ACCIDENTS DU TRAVAIL

CONFÉRENCE

Faite au Palais de Justice, le 19 février 1903

PAR

M. René de VRAINVILLE

DOCTEUR EN DROIT
PRINCIPAL CLERC D'AVOUÉ

PARIS

A L'ADMINISTRATION
DU RÉPERTOIRE GÉNÉRAL PRATIQUE DU NOTARIAT
ET DE L'ENREGISTREMENT
40, RUE D'ASSAS, 40

1903

LES PRINCIPES

DE LA LÉGISLATION, DE LA PROCÉDURE

ET DE LA COMPÉTENCE

EN MATIÈRE

D'ACCIDENTS DU TRAVAIL

CONFÉRENCE

Faite au Palais de Justice, le 19 février 1903

PAR

M. René de VRAINVILLE

DOCTEUR EN DROIT

PRINCIPAL CLERC D'AVOUÉ

PARIS

A L'ADMINISTRATION

DU RÉPERTOIRE GÉNÉRAL PRATIQUE DU NOTARIAT

ET DE L'ENREGISTREMENT

40, RUE D'ASSAS, 40

1903

LES PRINCIPES

DE LA LÉGISLATION, DE LA PROCÉDURE ET DE LA COMPÉTENCE

EN MATIÈRE

D'ACCIDENTS DU TRAVAIL

Il est un fait certain et qu'on ne peut nier, c'est que la législation récente sur les accidents du travail a rencontré et rencontre encore les plus violentes oppositions.

Vous tous, clercs de notaires, d'avoués, d'huissiers, défenseurs salariés de la propriété et très à même d'entendre les doléances de ceux que les partis avancés désignent sous l'appellation de « capitalistes », vous avez certainement entendu dire que les lois de 1898 et de 1902 constituaient « une lourde charge pour l'industrie » ; c'est l'expression consacrée.

Je voudrais m'efforcer, dans une première partie, de vous convaincre que si la loi de 1898 sur les accidents du travail constitue une charge pour l'industrie, ce n'est pas une charge injuste, c'est bien plutôt la codification d'un véritable devoir à l'égard de la classe ouvrière.

Nous verrons ensuite, dans les deux autres parties, les raisons qui ont amené le législateur à l'adoption d'une procédure spéciale, tout en s'en remettant, pour l'application de la loi, aux tribunaux de droit commun.

I

Vous connaissez tous l'hôtel des Invalides. Ce monument, je n'ai pas la prétention de vous l'apprendre, a été édifié sur l'ordre de Louis XIV, pour donner asile aux militaires blessés et assurer la sécurité de leurs vieux jours à ceux qui avaient risqué leur vie sous l'uniforme du soldat français pendant un certain nombre d'années et pour un sou par jour.

À l'âge où toutes les difficultés entre nations se solutionnaient par la force des armes, où les guerres étaient fréquentes, le roi représentant la Patrie, avait reconnu à sa charge l'obligation de donner une retraite aux ouvriers de sa gloire.

Cette idée s'est perpétuée et si, à l'heure actuelle, nous ne voyons plus aux Invalides que quelques rares débris des guerres du second Empire ou des dernières expéditions coloniales, c'est que nous sommes entrés dans un âge de l'humanité où une autre guerre, des combats d'autre sorte, ont succédé aux batailles rangées.

L'avenir des nations ne se décidera plus sur les champs de bataille, mais sur le marché industriel et commercial. C'est à l'activité industrielle, à la puissance de production, de transformation des matières premières, que se mesure la gloire d'une patrie.

L'âge des conquérants est passé; nous sommes à l'âge des ingénieurs.

Je ne vous présente pas là des idées bien subversives ni bien nouvelles; vous les verrez traîner partout dans les quotidiens et les périodiques.

Or un tel état de choses nécessite des éléments nouveaux; d'un côté, quelqu'un qui commande et dirige : l'ingénieur, le patron, l'homme de l'association ou de la grande Société de capitaux, — le général. De l'autre côté, quelqu'un qui obéit, qui manœuvre : l'ouvrier, — le soldat.

La guerre commerciale se fait avec des hommes et avec de l'argent comme la véritable guerre. Comme la guerre véritable, la guerre commerciale a besoin de généraux et de soldats et les grandes batailles qu'elle livre laissent des morts et des blessés. Des Sociétés s'effondrent, des patrons se ruinent, des misères s'accumulent; des ouvriers chôment, font grève ou sont victimes d'accidents épouvantables ; des machines les mutilent, les broient et les mettent en miettes, et ils laissent au logis une femme, des enfants, quelquefois de vieux parents qui n'ont plus qu'à mendier pour vivre.

Ce sont les invalides du travail.

Quels profits fantastiques tiraient-ils donc de leur métier pour avoir consenti à courir ces redoutables aléas, qui s'élèvent, dans certaines industries, à des proportions invraisemblables?—On vous répondra : ils recevaient à peu près leur pain quotidien.

Leur situation et celle du soldat nourri et logé est à peu près la même et ils ont le souci de la famille en plus.

Le général gagne des batailles et des galons, le patron s'enrichit et est décoré, mais l'ouvrier ne recevra jamais que son pain quotidien. Telle est la loi sociale.

Le Capital, pour ainsi dire, devait une retraite à ses artisans mutilés. Cette retraite, c'est la loi sur les accidents du travail qui en constitue comme la première mise; la loi sur les retraites ouvrières en sera véritablement la réalisation.

De même que les soldats mutilés et les vieux soldats sont les invalides de la guerre et nourris par la Patrie, de même les vieux ouvriers et les ouvriers mutilés doivent être nourris par les employeurs et par ceux qui possèdent, en un mot, au moyen d'impositions grevant ceux pour la gloire ou pour le plus grand profit desquels ils ont combattu.

Au même titre que les soldats, les ouvriers contribuent à la grandeur d'une patrie.

Pourquoi maintenant, ces idées qui nous paraissent aussi claires, n'étaient-elles pas entrées dans la législation antérieure et pourquoi s'efforce-t-on de les réaliser dans la législation actuelle ?

On peut répondre que le droit, comme toute chose, évolue et se transforme et que la législation d'un pays n'est que la résultante d'un état de choses, de même que l'Académie n'admet dans son Dictionnaire que des mots consacrés par l'usage. *La législation est un effet et non pas une cause.*

En somme si la législation sur les accidents du travail n'existait pas antérieurement, c'est que le besoin ne s'en était pas fait sentir. Il ne faut pas oublier qne toutes les autres nations industrielles avaient déjà une législation ouvrière bien avant la France, ce qui est la marque la plus certaine de notre peu d'empressement vers la grande industrie.

Il y a quelque soixante ans, existait à peu près généralement ce que j'appellerais *le régime de l'artisan.* La plupart du temps, l'artisan, propriétaire de ses outils, de son métier, connaissant par conséquent son moyen de production, était en quelque sorte l'équivalent de l'ouvrier en chambre actuel. C'était la situation générale de l'ouvrier en France au moment de la promulgation du Code civil Les risques de son travail devaient donc bien lui incomber et une législation spéciale quant au risque professionnel ne s'imposait aucunement. On n'en avait pas même l'idée, pas plus qu'on n'avait l'idée des gigantesques manufactures d'aujourd'hui.

A ce régime a succédé peu à peu ce que j'appellerai *le régime de la manufacture,* où par le fait de l'agglomération des ouvriers et de l'emploi de machines perfectionnées et dangereuses, l'accident naît en quelque sorte de lui-même, est une résultante obligatoire. L'ouvrier use son organisme et est quelquefois mutilé comme la machine s'use et se casse. Il est dès lors possible, dans une industrie, de faire une statistique sérieuse des accidents et d'établir à cet égard des prévisions certaines.

La réparation de ces accidents, les indemnités à donner, devront en quelque sorte entrer dans les frais généraux de l'entreprise au même titre que les frais de réparation et d'amortissement du matériel.

Dans ce régime, en résumé, l'accident naît des circonstances, il se produit naturellement.

L'ouvrier blessé, hors d'état de rendre un service, ou ayant un service diminué est donc bien un invalide du travail. Il a été blessé, car il devait nécessairement y avoir des blessés.

Puisque la Patrie fait vivre l'invalide de la guerre, le Capital doit faire vivre l'invalide du travail.

C'est ce qu'on a appelé « le principe du risque professionnel » : la responsabilité du patron naissant du *fait* de l'emploi et non pas d'une *faute* d'emploi.

Quelle était l'ancienne législation ? — Elle était appropriée aux circonstances. C'était l'application pure et simple de l'article 1382 du Code civil. L'ouvrier ne pouvait obtenir une indemnité de son patron ou d'un tiers auteur de l'accident, qu'en prouvant la *faute* du patron ou de ce tiers. A cette seule condition, il obtenait une indemnité. Combien cette preuve était difficile à faire, surtout pour un malheureux inexpérimenté, égaré dans le dédale des bureaux des mairies ou de l'assistance judiciaire au Palais de justice, et qui obtenait l'autorisation de procéder à une enquête, un an, quelquefois deux ans après l'accident, alors que les témoins avaient disparu ou ne se rappelaient plus de rien, que le patron était mort ou tombé en faillite, seuls peuvent se l'imaginer les praticiens à l'aide de leurs souvenirs personnels. Cette preuve était à peu près généralement impossible à faire.

Quelle devait donc être la nouvelle législation ? — Puisque le principe de la responsabilité patronale était admis dans tous les cas, quels qu'ils soient, d'accidents du travail, il fallait une législation fixant l'indemnité et la servant à l'ouvrier, d'une façon pour ainsi dire *automatique*.

II

Etudions les principes qui ont présidé à la fixation de l'indemnité ; à l'établissement de la procédure de la loi.

Le législateur aurait pu se borner à établir le droit à l'indemnité — dire simplement dans quels cas l'indemnité est due par le patron à l'ouvrier. — En cas de refus par le patron de s'acquitter, en cas de désaccord sur le champ d'application de la loi, sur le chiffre de l'indemnité, sur la désignation du patron responsable, la victime aurait eu alors à sa disposition les ressources de la procédure générale établie par le Code de procédure civile, et, dans certains cas, celles du Code d'instruction criminelle. Pour introduire cette procédure, l'ouvrier, ignorant du droit, se serait adressé à un conseil, le plus souvent un agent d'affaires, toujours à l'affût des occasions, plus accessible pour un homme du peuple que les mandataires officiels, moins scrupuleux aussi et préférant, à l'allocation d'un honoraire fixe et modéré, la promesse d'une part, d'un tant pour cent élevé, calculé sur le montant de l'indemnité allouée.

Il aurait fallu commencer par la tentative de conciliation devant le juge de paix du domicile du patron. Au cas de non conciliation — ce qui aurait été le plus fréquent — l'ouvrier aurait été autorisé à assigner son patron devant le Tribunal civil. Alors l'ouvrier, le plus souvent accompagné de son agent d'affaires, se serait rendu chez un avoué, aurait dû faire l'avance des frais, exposer les détails de son affaire, indiquer exactement le nom et l'adresse du patron, les conditions du contrat de travail qui le liait à celui-ci, la nature et les circonstances de l'accident, ses suites et produire des certificats de médecins. Enfin il aurait dû subir les longueurs de la procédure ordinaire, les mesures d'instruction propres à éclairer le Tribunal, les enquêtes et les expertises, alors que les témoins des faits seraient disparus, que leurs souvenirs se seraient effacés, que les constatations matérielles seraient devenues impossibles.

D'autre part, et le plus souvent, la victime étant hors d'état d'avancer les fonds nécessaires, il aurait d'abord fallu solliciter le bénéfice de l'assistance judiciaire dans les conditions ordinaires de la loi de 1851, — d'où perte de temps, démarches nombreuses, alors que le malheureux ouvrier, cloué sur son lit, aurait été hors d'état de faire valoir ses droits et aurait au contraire, par suite du chômage et de la blessure, eu un pressant besoin de soins et de secours.

La marche normale du procès, la procédure ordinaire, présentaient dans l'espèce des dangers évidents et des inconvénients presque insurmontables.

Le législateur s'en est facilement rendu compte et pour ne pas donner seulement à la victime, à l'ouvrier, un droit théorique et d'un maniement si difficile, il a tenu à mettre à la disposition du principe nouveau, des formalités et une procédure spéciales destinées à en faciliter l'application.

La loi se compose donc de deux parties bien distinctes : une première partie qui, dérogeant au Code civil, établit la nature et les conditions du droit à l'indemnité ; — une seconde partie qui, établissant les moyens par lesquels l'ouvrier fera reconnaître judiciairement son droit, constitue une dérogation aux règles du Code de procédure civile.

C'est cette seconde partie toute de formalités et de procédure dont je veux vous donner un rapide aperçu.

Si l'on cherche à dégager de l'ensemble des dispositions des lois des 9 avril 1898 et 22 mars 1902, et des travaux législatifs qui, pendant près de vingt années, ont préparé la rédaction de ces lois, les quelques principes qui ont servi de base à l'établissement de la procédure spéciale, on trouve qu'ils peuvent se rattacher aux quatre idées générales suivantes : 1° *Suppression de toute initiative de la part de l'ouvrier; 2° Constatation rapide des faits; 3° Conciliation des parties; 4° Célérité ; diminution des frais.*

1° Tout d'abord on a voulu enlever à l'ouvrier toute initiative. Cette idée, plusieurs fois énoncée au cours des travaux préparatoires ressort, évidemment, de l'ensemble des dispositions de la loi. Laisser à l'ouvrier une part d'initiative quelconque, un acte quel qu'il soit à accomplir, fût-ce une simple demande d'assistance judiciaire, c'était le livrer inévitablement, pour ceux qui connaissent la pusillanimité des humbles aux mains d'un agent d'affaires, de celui, dont les panonceaux plus aveuglants que ceux d'un notaire étalent le mot mystérieux de « contentieux » ou même de celui qui, plus modeste, s'intitule « écrivain public » et réside chez les marchands de vins. C'était acculer le malheureux ouvrier au pacte de *quota litis*, au partage de son indemnité avec un mandataire souvent inutile et quelquefois ignorant.

Aussi le législateur a-t-il créé, autant qu'il a été possible, une procédure en quelque sorte *automatique*. Du jour où l'accident le terrasse jusqu'au jour où l'indemnité lui est versée, l'ouvrier, si la loi est rigoureusement observée, n'a, de lui-même, aucune formalité à remplir, aucune initiative à prendre.

L'accident est déclaré immédiatement par le patron au maire. Le maire transmet le dossier au juge de paix. Le juge de paix procède à une enquête, recueille tous les renseignements, tous les documents dont on pourra avoir besoin plus tard pour la solution du procès. Il transmet son dossier au président du tribunal ; celui-ci convoque les parties et s'efforce d'arriver à un arrangement. Si l'on n'est pas d'accord, l'assistance judiciaire est accordée de plein droit à la victime ; un avoué, un avocat et un huissier lui sont désignés d'office et sans qu'il ait à faire aucune démarche. L'avoué désigné convoque l'ouvrier et sollicite lui-même les explications complémentaires du client qui lui seront d'ailleurs le plus souvent inutiles, puisque le greffe du tribunal lui délivrera l'expédition du procès-verbal d'enquête dressé par le juge de paix, lequel contient tous les renseignements nécessaires.

La décision se trouvera ainsi rendue sans que l'ouvrier ait eu à prendre aucune initiative, sans embarras pour lui, sans avance à effectuer. L'agent d'affaires est écarté.

2° La constatation rapide des faits est nécessaire. Il est indispensable de fixer immédiatement dans un document judiciaire tous les faits, tous les renseignements qui seront plus tard utiles aux tribunaux pour déterminer si l'accident rentre bien dans la catégorie de ceux visés par la loi du 9 avril 1898, quelle est la nature et l'importance des lésions, du préjudice souffert, et par conséquent quel sera le taux sur lequel il faudra calculer l'indemnité, quelles sont les causes de l'accident, car la cause influe, comme on le sait, sur le taux de l'indemnité, quel est le salaire de la victime.

Au lendemain de l'accident, tous ces renseignements peuvent être facilement et exactement recueillis et contrôlés, les témoins sont là, leurs souvenirs sont précis et nets, les lieux n'ont pas encore été modifiés et ont gardé leur physionomie. Enfin les renseignements sont donnés par les parties elles-mêmes, de meilleure foi, et leurs déclarations sont mieux exemptes de préoccupations étrangères.

Telles sont les raisons qui ont amené le législateur à confier au juge de paix, au plus tard le sixième jour après l'accident, le soin de procéder à une enquête complète sur tous les points intéressants et de faire procéder, si besoin est, à une expertise médicale et à une expertise technique.

Toutes ces pièces constitueront le dossier complet de l'affaire dans lequel le tribunal trouvera plus tard les éléments de sa décision.

3° La tentative de conciliation établie par la loi de 1898, n'est pas, par elle-même, une innovation ni une exception aux règles générales. L'article 48 du Code de procédure civile l'établit en toutes manières ; mais tandis qu'il la confie au juge de paix, la loi de 1898 la confie au président du tribunal civil.

On a pensé que ce magistrat, plus élevé dans l'ordre judiciaire, aurait plus d'influence sur les parties et arriverait plus facilement à une entente.

4° Enfin la célérité est indispensable en matière d'accidents. S'il est juste d'accorder une indemnité à la victime, il est nécessaire que cette indemnité soit très promptement versée. L'ouvrier blessé, la veuve et les orphelins d'un ouvrier tué au travail, jetés brusquement dans la misère absolue, ont besoin de ressources immédiates.

La loi a employé deux moyens pour donner satisfaction à ce besoin : d'un côté les frais funéraires, les frais de maladie et les indemnités temporaires ; de l'autre, les indemnités permanentes.

Pour les premières indemnités, elle en a confié l'allocation à une juridiction particulièrement rapide : celle du juge de paix ; elle a supprimé l'appel, à quelque chiffre que la demande puisse s'élever. De cette façon, la victime peut obtenir en quelques jours une décision définitive et exécutoire immédiatement.

L'allocation des indemnités permanentes, trop importantes pour la juridiction du juge de paix, ressort de la compétence du tribunal civil, avec faculté d'appel devant la Cour. Mais le tribunal doit faire emploi de sa procédure sommaire la plus rapide. La décision est bien susceptible de voies de recours, mais les délais dans lesquels ces voies de recours doivent être exercées sont considérablement réduits ; enfin, la Cour doit, théoriquement, statuer dans le mois à compter de l'acte d'appel.

III

Nous venons d'étudier dans les deux premières parties, les principes de la législation et de la procédure en matière d'accidents du travail. Il nous reste à passer en revue les considérations qui ont déterminé le législateur à attribuer aux juridictions ordinaires du juge de paix et des tribunaux civils, compétence en matière d'accidents du travail.

Si aucune disposition relative à la compétence des tribunaux n'avait été prise par le législateur, les règles du droit commun étant appliquées, le litige aurait été soumis à la compétence des divers tribunaux d'après la qualité des parties et la quotité des demandes ; à la fois le conseil des prud'hommes, le tribunal de commerce, la justice de paix et le tribunal civil auraient pu être saisis. Ils auraient statué avec les lenteurs et les inconvénients de la procédure ordinaire et auraient risqué de se contredire quant au fond même de leurs décisions.

Le législateur a voulu parer aux inconvénients d'un tel système. Il a voulu soumettre tous les litiges, quelle que fut la qualité des parties ou l'importance du procès, à la compétence des mêmes tribunaux, admettant seulement une différence d'après la nature des indemnités réclamées.

On pensa tout d'abord à la création de tribunaux arbitraux spécialement chargés de ces litiges. L'exemple des nations voisines a visiblement influencé les rédacteurs des divers projets de loi déposés entre 1882 et 1893.

L'Allemagne et l'Autriche ont adopté en effet la juridiction arbitrale. La loi allemande de 1884 a établi des tribunaux composés d'un président choisi par l'Empereur et de quatre assesseurs dont deux élus par les représentants des patrons et deux par les représentants des ouvriers. En Norvège, un tribunal spécial a été créé, comprenant des patrons et des ouvriers. En Angleterre même, un comité arbitral existe, mais toutefois, à titre facultatif.

En France, dès le 14 novembre 1882, M. Nadaud proposait à la Chambre des députés de confier à un tribunal arbitral le jugement des difficultés entre le chef d'entreprise et les ouvriers. Ce tribunal arbitral devait être composé du juge de paix, président, du maire ou de l'adjoint de la commune, de l'inspecteur du travail, d'un patron et d'un ouvrier.

M. Ricard, dans son rapport de 1891, proposa également la création d'un tribunal arbitral. Cette proposition fut critiquée à la séance du 18 mai 1893 par M. Julien Goujon et à celle du 6 juin 1893 par M. Guérin, garde des sceaux. Soutenue par M. de Mun, la proposition de la commission fut adoptée par la Chambre dans cette même séance du 6 juin 1893.

Au Sénat, le rapporteur, M. Poirrier, proposa d'adopter la proposition votée par la Chambre. M. Guérin reprit dans la séance du 7 novembre 1895, les critiques qu'il avait déjà formulées : « Il ne s'agit pas » là, dit-il, quoi qu'on en ait dit, de faits professionnels : ce sont des » faits ordinaires. Je ne rencontre dans cette juridiction nouvelle ni la « garantie d'une compétence spéciale, ni les garanties de moralité et

» d'impartialité nécessaires. J'ajoute que vous allez créer une dépense
» nouvelle à un moment où véritablement le besoin ne s'en fait pas
» sentir. Enfin, et c'est par là que je termine, vous allez, je le répète,
» créer en faveur d'une catégorie de citoyens une juridiction exception-
» nelle. Eh bien, c'est la thèse contre laquelle je proteste. C'est une
» thèse contre laquelle, selon moi, doivent protester tous les républi-
» cains qui se réclament des principes et des traditions de la Révolu-
» tion française... »

M. Poirrier et M. Ricard, alors Garde des sceaux, soutinrent le projet de la commission qui fut combattu de nouveau par MM. Milliard et Jules Godin. Ce dernier proposa un amendement consacrant la compétence du tribunal civil et renvoyant le projet à la Commission.

C'est alors que la Commission du Sénat rédigea et proposa le 21 novembre 1895 des dispositions à peu près semblables à celles de la loi actuelle. Ces dispositions adoptées par le Sénat, le furent également par la Chambre malgré les efforts de M. de Mun.

Nous ne saurions trop approuver le Parlement d'avoir refusé de sanctionner la création d'une juridiction spéciale.

Le seul argument qu'on puisse faire valoir en faveur de ces sortes de juridictions, c'est que, composées de personnes ayant une connaissance technique ou pratique des faits à juger, elles présentent les garanties d'une compétence toute spéciale. Or, il est facile de voir qu'en règle générale et tout particulièrement en matière d'accidents du travail, cette compétence spéciale ne peut jamais être obtenue. La loi sur les accidents s'applique à un grand nombre d'industries, très différentes entre elles, dans lesquelles les accidents ont tous des causes diverses qui tiennent à la technique du métier, et produisent des incapacités dont les conséquences sur le taux de la rente calculée d'après le salaire, varient à l'infini. Il faudrait donc autant de juridictions qu'il y a d'industries diverses, autant de juges que de justiciables ! Car quelle compétence spéciale aurait un couvreur pour examiner un accident survenu dans une filature ou un entrepreneur de roulage pour juger un mineur ?

Comme on le voit la compétence spéciale est une chimère et le seul avantage des juridictions extraordinaires un mythe.

C'est aux experts qu'il faut demander une compétence spéciale ; c'est à eux spécialement désignés pour chaque litige, expert technique et expert médical, qu'incombe le soin d'éclairer chacun, juges et parties, dans des rapports dont on est libre d'examiner les termes, de contrôler les assertions et de vérifier les conclusions par le moyen des contre-expertises.

La juridiction spéciale présente au contraire de multiples inconvénients. Outre que son fonctionnement nécessite une dépense nouvelle, cette juridiction ne présente aucune des garanties nécessaires à une bonne justice.

Pour essayer d'y introduire l'impartialité on doit y faire entrer en nombre égal des confrères de chacun des deux adversaires, patron et ouvrier. Mais alors ces deux éléments entrent en lutte, s'annihilent et le seul juge du litige reste être le troisième élément nommé par les pouvoirs publics et placé là pour les départager.

Enfin pour juger, il ne suffit pas de connaître les faits ou d'être apte à les connaître, il faut aussi être apte à en apprécier sainement les conséquences, à peser les éléments de preuve et à écarter les faits simplement prétendus. Or il n'est pas de travail plus délicat, plus difficile que de rechercher la vérité, de peser des témoignages, de réunir et d'apprécier des présomptions. Il y faut, outre une indépendance absolue, une clarté de vue, une sûreté de jugement qu'une longue habitude, une expérience consommée peuvent seules donner et qu'on s'abuserait étrangement de rechercher ailleurs que chez un juge de profession.

Enfin juger c'est appliquer la loi. Or, si simple que paraisse un texte, si spécial qu'en soit le caractère, une loi ne constitue jamais qu'une partie de l'ensemble de toute une législation, une application particulière de principes juridiques qui le dominent et qu'il faut étudier et connaître avant d'en envisager la moindre application aux faits.

Tout autre qu'un jurisconsulte peut faire un expert qui ne sera jamais un juge.

C'est donc sans réserves que nous approuvons le législateur de 1898 d'avoir non seulement écarté le tribunal arbitral, mais encore dépouillé dans certains cas le Tribunal de Commerce et le Conseil des Prud'hommes et d'avoir confié à la juridiction civile, la seule compétente à vrai dire, la solution des litiges nés de la nouvelle loi.

Mais dans l'échelle des juridictions civiles, nous trouvons deux tribunaux pour la solution des procès ordinaires. Le Tribunal de première instance ayant en premier ressort la juridiction complète et le juge de paix qui, aux termes de la loi de 1838 et sauf exceptions, est compétent pour la solution des litiges inférieurs à cent francs en dernier ressort et à deux cents francs à charge d'appel.

Les règles ordinaires vont-elles s'appliquer en matière d'accidents du travail ?

Le législateur a cru devoir les écarter et attribuer la compétence en matière d'accidents du travail, non pas d'après la quotité du litige, mais d'après la nature des indemnités demandées. Confiant au tribunal civil seul, la solution des demandes touchant les rentes à allouer par suite des incapacités permanentes et par suite de mort de la victime, il a soumis à la compétence du juge de paix en premier et dernier ressort les demandes relatives aux frais funéraires, aux frais de maladie et aux indemnités temporaires.

Je ne veux pas entrer dans l'examen approfondi des diverses indemnités accordées à l'ouvrier victime d'un accident du travail ou à ses ayants droit par la loi de 1898.

Qu'il vous suffise de savoir qu'en dehors d'une indemnité viagère et permanente, il a encore droit jusqu'à son complet rétablissement à une indemnité, dite temporaire, calculée sur un taux spécial et élevé. Pour l'obtention de cette dernière indemnité l'ouvrier s'adressera à la juridiction rapide et expéditive du juge de paix ; pour l'obtention de l'indemnité permanente il s'adressera au tribunal civil.

Le législateur a achevé son œuvre en accordant de plein droit le bénéfice de l'assistance judiciaire à l'ouvrier blessé ou à ses ayants droit pour l'obtention de ces indemnités.

Nous venons de passer en revue, ainsi que nous nous l'étions proposé, les principes de la législation, de la procédure et de la compétence en matière d'accidents du travail.

Il me reste à vous remercier de la bienveillance que vous avez bien voulu m'accorder en écoutant avec attention des observations, peut-être pas toujours très intéressantes à votre gré, mais présentées avec une entière sincérité de ma part et avec la conviction absolue que pour des jeunes gens comme nous, rien ne peut être plus profitable que la connaissance des principes d'une législation qu'il n'est pas téméraire d'appeler la législation de l'avenir.

Henri DE VRAINVILLE,
Docteur en droit,
Principal clerc d'avoué.

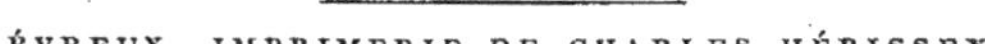